숨은 정

라온현대시인선 10 권춘수 시집

숨은 정

인쇄 | 2025년 12월 12일
발행 | 2025년 12월 17일

글쓴이 | 권춘수
펴낸이 | 장호병
펴낸곳 | 북랜드
　　　　04556 서울 중구 퇴계로41가길 11-6, JHS빌딩 501호
　　　　41965 대구 중구 명륜로12길 64(남산동)
　　　　전화 (02)732-4574, (053)252-9114
　　　　팩스 (02)734-4574, (053)252-9334
　　　　등록일 | 1999년 11월 11일
　　　　등록번호 | 제13-615호
　　　　홈페이지 | www.bookland.co.kr
　　　　이-메일 | bookland@hanmail.net

책임편집 | 김인옥
기　　획 | 전은경
교　　열 | 서정랑

ⓒ 권춘수, 2025, Printed in Korea
저자와의 협의하에 인지를 생략합니다.

ISBN 979-11-7155-188-0　03810
ISBN 979-11-7155-189-7　05810 (e-book)

값 12,000원

라온현대시인선 10
숨은 정

권춘수 시집

북랜드

시인의 말

고백.

처음에 시는 생각나는 대로 쓰면 되는 줄 알고 겁 없이 달려들었습니다. 들어서서 주위를 살펴보니 내가 도저히 들어갈 수 없는 문학의 문을 두드린 것 같아 당황하였습니다. 삶에도 법과 규제가 있듯 시에도 운율이 있고 심상이 있고 주제가 있다는 것을 늦게 알았습니다.

기지도 못하면서 날려고 한다는 속담을 빌렸습니다.
새 문학에 들어선 지 몇 달 되지 않았습니다. 저명한 시인들이 낸 시집을 보고 쉬운 줄 알고 나도 할 수 있을 것 같다며 천 길도 모르고 시집을 덜컥 냈습니다.

시집을 내고 보니 시집이란 이름 붙이기 부끄러울 정도로 부족한 곳이 한두 군데 아니었습니다. 이럴 줄 알았더라면 차라리 안 한 것이 훨씬 더 좋을 뻔했습니다. 쏟아진 물 어찌할 수 없어 가시밭길 걸어가면서 부족한 부분 채워가면서 시다운 시 쓰기로 결심했습니다.

 저의 시는 자칭 '생활 시'라 이름을 붙여 일상에서 경험하고 체험한 것을 쓰고 마음속으로 깊이 우려내지 못해 밋밋한 내용이 담긴 시입니다. 부족한 저의 시 한 줄이라도 읽어주신 분들의 가정에 웃음과 평화가 가득하시길 빕니다.

을사년 겨울

차례

시인의 말 · 4

1

퇴원 … 12
풍금 … 13
엎드리세요, 존심 … 14
모정 … 16
콩깍지 소리 … 17
머나먼 여행 … 18
매미 … 20
별명 … 21
호걸 시위 … 22
첫 면회 … 24
수박화채 … 26
소 주민등록증 … 28
후회 … 30
글자 한 자 … 32
구름과자 … 34
술래잡기 … 36
과거시험 보러 가는 날 … 38
숨은 정 … 39

2

섣달그믐 … 42
화염 속에서 피는 꽃 … 43
주황빛 저녁 … 44
여름 바람 … 45
가을 오는 소리 … 46
봄바람 … 47
땔감 … 48
그해 9월 … 49
석양 … 50
저주 … 51
노고지리와 함께하는 봄 향연 … 52
봄은 사랑을 잉태한다 … 54
초여름 피는 꽃 … 55
노란 이파리 … 56
가라지 … 58
아버지 혼 … 60
홍매화 … 61
밀 서리 … 62

3

개학일 … 64
끝자락에 서서 … 65
잃어버린 계절 … 66
시조창 … 68
선물 … 69
송아지 본능 … 70
소리 · 1 … 72
소리 · 2 … 74
오리무중 … 75
모래찜질 … 76
어린 모 · 1 … 78
어두운 추석 … 79
썰렁한 분위기 … 80
힘없는 사람들 … 82
귀제비 … 83
미소 … 84

4

가가 가다 … 86
6월의 시 … 88
간구한 소망 … 89
어린 모 · 2 … 90
난초 … 92
뜨거운 수제비 … 93
지팡이 소리 … 94
질서 … 96
모진 생명 … 98
별자리 … 99
부부 … 100
마곡사 … 102
사라진 화본역 … 104
오일장 … 105
삑사리 신부님 … 106

| 해설 | 삭막한 세상에서 먼 것들에 대한 예찬_ 신상조 … 109

1

퇴원

죽을 고비 세 번 넘겼다

남들이 고까짓 것 할 담석증
내게는 절명의 통증

치질, 맹장, 쓸개 내 몸에 붙은 장기는
모두 다 떼냈다

임산부 출산 통증 다음이라는 통증을
방구석 긁으며 몸서리쳤다

퇴원이란 말에 시커멓던 하늘이 파랗게 보인다
먼 길의 길목같이 아스라하다, 통증

풍금

뒤안에 넣어둔 풍금을 꺼낸다

쌓인 먼지를 훌훌 털어낸 아버지
갈고리 같은 구부정한 손가락으로
어떨 때는 세게
어떨 때는 약하게 건반을 두드린다

흰 자리 검은 자리 가려가며 두드린다
오만 잡곡들 흥 가락에 맞춰 덩실덩실 춤추며
바깥세상 구경하러 달음박질한다
텅 비어 있던 마당에 풍년 소리 가득하다

아버지 주름살 얼굴에 입꼬리 올라간다

울림통은 열광에 찬 도가니 속에서
마지막 공연 서서히 막이 내린다

엎드리세요, 존심

굳게 닫힌 문 떠밀고 들어간다
접수대에서 뚫어지게 바라보더니
어떻게 왔는지 억센 말투로 묻고

그러고는 더 이상 묻지 않는다
멍청히 앉아 기다린다
내 이름 어떻게 알았는지 부른다

작은 거울 달린 월계관 쓰고
기다란 줄에 매단 탐지기를 귀에 꽂은
수호천사가 빙긋 웃으며 반긴다

가슴 이곳저곳 탐지기 갖다 대면서
숨을 들이마셨다가 내쉬라 한다
명령하는 것 같아 슬그머니 부아가 치민다

엎드리세요. 바지를 엉덩이까지 내려놓고
나무 둥치처럼 내버려 둔 앙상한 살덩이에

예리한 바늘로 사정없이 찌른다

세상에 이럴 수가
자기 마음대로 다 해 놓고
청구서 내민다

물어볼 거 더 있어도 견딜 수 없는
존심 때문에 물어보지 않았다
죄 없는 문만 걷어차고 나온다

모정

배 아파 아이 낳으니
불행히도 앞 못 보는 옥동자다

엄마는 눈뜨게 하려고
몸부림친다 점도 굿도 해 보고
장구 치고 북 치고

용하다는 귀신에게 다 물어보았다
실로암 못에 가서 눈을 씻으면
그대로 이루어질 것이다

엄마 얼굴을 알아본 핏덩이 끌어안고
참았던 눈물이 왈칵 쏟아진다
메마른 자갈밭 상전벽해를 이룬다

엄마의 흐느껴 우는 울음소리
고요히 잠든 세상을 눈뜨게 하였다
세상이 뭐라 해도 엄마는 위대하다

콩깍지 소리

타닥거리는 소리 귀 익은 지 오래
의심스러운 생각으로 귀를 쫑긋

계속 들리는 소리에 발걸음 멈추고
사방을 두리번거린다

사람 하나 보이지 않는 캄캄한 밤중
쌩쌩 불어대는 요란한 바람 소리

숨 멈추고 눈만 껌뻑 껌뻑거린다
낙엽 뒹구는 소리일까

귀 기울여 유심히 들어본다
콩깍지 터지는 소리 탁탁

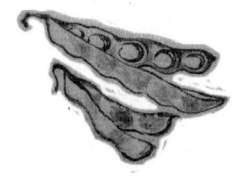

머나먼 여행

세상에 이럴 수가

어두컴컴한 복도에
하얀 화환이 줄지었다

한 발 한 발 숨죽여 들어간다
검은 양복과 치마저고리 입은 사람
수갑 찬 죄인처럼 양손하고 서 있다

빙긋 웃는 영정 사진이 나를 반긴다
어색한 모습으로 먹먹히 바라보며
먼 길 조심스레 가서 편안히 잘 지내거라

한 무리가 지나고 또 한 무리가 몰려온다
이별의 갈림길에서 넋 잃어 울고불고한다
실컷 울다 멈칫, 누가 죽었나, 두리번거린다

내가 없더라도 모든 걸 알아서 해 달라며

부탁해 놓았는데 무엇이 못마땅한지 갑자기
훌쩍 떠나 버렸다 세상에 이럴 수가! 못 믿을 거
세월인가 보다

매미

무더운 여름
구슬땀 흘리며 일하는 사람들에게
나무를 무대 삼아
목청 높여, 노래 들려준다

노래 불러 줬다고 돈 한 번
받아 본 적도
밥 한 그릇 얻어먹어 본 적도
없는, 나에게

게으른 놈이라 핀잔주며
시끄럽다고 벌컥 화를 내는지
가을 오면 수확할 거 많지만
소출 없어 걱정뿐인

나는, 진정한 가수

별명

아무리 생각해도 억울하다
수의사라 부르면 어디 덧나나
왜 하필, 침쟁이라 부르는지

소는 농사짓는 데만 필요한 건 아니다
자식들 공부시키고 시집보내고 장가갈 때
소 팔아 오만 때만 것 다 해 놓고

소가 죽을 한 끼만 꺼려도 난리법석이다
어머니는 정화수 떠 놓고
아버지는 소 침쟁이에게 허겁지겁 달려가신다

침쟁이 소를 둘러보고 고개 절레절레 흔든다
치료받고 죽 잘 먹고
건강해도 사람들은 나를 소 침쟁이라 부른다

호걸 시위

  닥치는 대로 아무거나 다 잘 먹는다

  나무껍질도 뿌리도 어린 나뭇가지도 나무에 달린 열매도
  산천에 흩어져 있는 겨울 양식은 모두 나의 것인데

  겨우내 먹을 양식 사람들이 왜 다 가져가냐고,
  상수리나무 밑에 떨어진 도토리 하나까지도 왜 너희가 가져가냐고,

  먹을 거 없어 어린 새끼 데리고 시내 한복판까지 내려올 수밖에 없는
  나는, 어미

  고구마밭 자두나무 사과나무 모두 쑥대밭으로 만들든 말든,
  가지 갈기갈기 찢어놓든 말든 너희들이 뭔 상관?

〉
 아우성치는 멧돼지는 울컥, 붉게 찢어진 눈으로 허공을 노려본다

첫 면회

포성이 멈춘 지 반세기 지났건만
한반도 허리는 여전히 가로막혀 있다
봄이 찾아오는 산꼭대기에 105밀리 곡사포
지칠 줄 모르고 북녘을 바라보고 있다

사단 훈련소에서 6주 신병 훈련받고
군모와 가슴에 작대기 하나 달고 좋아하던
아들 녀석 모습 아스라이 떠오른다
온 식구가 1박 2일 낯선 길 따라 달린다

부대 앞에 도착하니 여명이 밝아진다
첩첩산중 으스스해지는 마음 숨죽인다
의젓한 군인 한 명이 위병소로 걸어온다

금방 알아보고 아들 이름 부르는 엄마!
애타게 기다리던 아들을 보고서
긴장했던 마음이 풀어진다

〉
짧은 외출 허가로 만남의 이야기꽃 피운다
아직도 눈 덮인 북녘 하늘 포성이 멈추지 않고

수박화채

우리 동네에
수박화채 만드는 아저씨 있다

커다란 수박 한 덩어리
낑낑거리며 들고 들어온다

부엌칼로 자랑하듯 한숨에 자른다
빨간 살이 수줍은 듯 나온다

까만 다이아몬드 군데군데 박혀 있어
오동통하게 살찐 살이 풍성해 보인다

커다란 항아리에 잘게 썬 수박 몇 조각에
설탕을 마음껏 들이붓는다

기계 돌아가는 소리에 모두가 신이 난다
포동포동 살찐 수박이 오색 옷 갈아입고
살포시 얼굴을 내민다

〉
수박화채 만드는 아저씨
마음씨도 기술도 좋아
우리 동네 인기가 최고다

소 주민등록증

장마가 계속되던 어느 여름
온 동네가 물바다로 변해버렸다

쇠마구간에 붉은 황토물이 차올라
만삭이 된 암소가 힘없이 물살에 떠내려간다

소는 죽을힘 다하여 헤엄친다
사흗날 아침 거센 물살을 헤치고
빨간 지붕 위에 올랐다

비가 그치고 앙상하게 드러낸 지붕 위에 소는 벌벌 떨고 있다
크레인 장비로 조심스레 끌어내려도 며칠 동안 굶은 탓
소는 미동도 없이 옴짝달싹 못 한다

사람에게 주민등록번호 있듯이
소, 개에게도 등록번호가 있다

〉
 소 잃은 주인은 울먹이면서 수소문 끝에 찾아왔다 '내 소가 맞다' 등록번호를 보고 사람들은 환호성을 지른다.

 소야! 고생 많았지? 소 주인은
 소를 어루만지며 기쁨의 울음을 터뜨린다

후회

보고도 못 본 척
알고도 모르는 척

좀비일까 아니면
허수아비일까

엄마의 품속에서 떠나온 날
영광도 잊은 채

사느라 이 핑계 저 핑계로
기억하지 못하고 살아온 나는

누구인가

살면 사는 줄 알고 살았건만
한낱 밀알보다 못하다는 걸
이제야

〉
참회하면서 잃어버린
영광의 그날을 되찾으리
하고

글자 한 자

유명한 일간지 뉴욕 타임스에
단어 하나 잘못 기재된 것 찾은 사람에게
포상 준다는 얘기 들었던 적 있다

인간은 불완전하다 실수란 게 없을 수 없다
명예와 우월성으로 찬란한 역사를 창조한 일간지
한 점 오명도 남겨서 안 된다는 자존심과 책임감

한 지인의 억울한 사연에 귀 기울여진다
젊음의 꽃향기 짙게 묻어날 무렵
또박또박 잘 쓴 사연이 날아왔다

향기에 혼 빠진 지인의 사연이다
주체할 수 없는 심정으로 밤새며
쓴 글이 되돌아왔다

고생 끝에 보낸 글 허투루 되어 버렸다
이리 봐도 저리 봐도 잘못된 구절 찾을 수 없다

혼 떠난 사람에게 보일 리 만무했다

님이란 글자에 남이란 글자

구름과자

아무리 먹어도 배부르지 않은 과자
양 포켓 가득 넣어 다니는 지인 있다

시원한 나무 그늘에 청바지 빼입고
긴 다리 꼬고 앉아
눈 지그시 감고 연신 입 오물거린다
누가 뺏어 먹을까 두 눈 부릅뜨고
사방을 두리번거린다

추운 겨울 털모자에 무거운 코드 깃 올리고
나목 아래 서서 꿀맛같이 빨아먹는다
먹다 남은 과자 아까워 한 입 다 넣지 못해 주저하는 모습
안쓰럽고, 불쌍하다

씹을 것도 없는 과자를 꿀맛처럼
맛있게 먹는 것을 보면 쓸데없이 신경 쓰인다
머나먼 길 갈 때 나와 같이 가기로 약속했기에

더욱더 많은 신경 쓰인다

세월이 약이라 하던데
그때까지 참고 기다려 볼 수밖에 없다
건강한 사람으로 돌아오길
간절히 바라는 마음뿐

술래잡기

비 오는 여름 아침
피라미 새끼들이 노닥거린다
낚시꾼들 눈에 한순간 들어온다

어디서 배운 못된 버릇 어디 혼나 봐라!
낚시꾼이 은빛 낚싯줄 허공에 날린다
까부는 한 놈이 겁 없이 낚시를 덥석 물었다

꼬리 치며 빼보려 아무리 용써도 낚싯바늘은 더욱더 깊이 파고든다
곁에서 지켜보고 있던 녀석들 하나둘 흩어지기 시작한다
북적이던 그 자리는 갑자기 피라미 새끼 한 마리 볼 수 없다

살벌한 전쟁터 되었다
오늘은 '공'치지 않을까

어떡하면 잡히지 않을까

시냇가에서 술래잡기 한 판이 시작된다

과거시험 보러 가는 날

양손 불끈 쥐고 과거시험 보러 간다
괴나리봇짐 허리 매고 짚신 서너 켤레 어깨 걸치고
굽이굽이 돌아가는 산길 따라 문경새재 넘어간다

고즈넉한 석양 어디에서 비파 소리 청아하게 들린다
바쁜 걸음 멈추고 숨죽여 다가가 본다 백발노인 한 분이
넓적한 바위에 앉아 비파 치며 중얼거린다

그 녀석! 참 총명하게 생겼군
제2의 인생이 활짝 피겠군
그러곤 어디론가 사라져 버렸다

헛꿈 아니기를 바라며 가벼운 마음으로
과거시험 장소에 제일 먼저 도착했다

숨은 정

밤새도록 비가 내리는 이른 새벽
속이 터부룩하고 답답해 체한 것 같아
한의원을 찾았다

한의원은 환자로 북적인다
병실 침대에서 치료받고 있던 한 할머니가
다급히 간호사 부른다

타고 온 자기 아들 차가 밖에 있는지 물어본다
있다고 하니 안심이 되었던지 조용하다
혼잣말로 요즘 세상 공짜 없다

아들 녀석한테 담배 한 보루 사서 주어야겠다고 하신다
그러면서 뒷맛이 개운치 않은 듯한 말투가 흘러나온다
어쩌다 이런 세상이 되었던지

2

섣달그믐

추운 겨울, 무 구덩이에
배추 뿌리 단디 묻어 놓고
볏짚으로 틀어막아 놓는다

겨울 땅이 꽁꽁 얼어도
파릇파릇 싱싱 그대로다

무 구덩이에 한쪽 팔 깊게 넣어
배추 뿌리 몇 개 건져 올려
맛있게 깎아 먹는다

먹고 남은 성그런 보리밥 한 숟갈
얼음 둥둥 뜬 하얀 백김치 한 줄기 걸친다
입 시려 호호 아랫목 이불 속에 쏙

동지섣달 긴긴 추억이 온몸 으스스 올라온다

화염 속에서 피는 꽃

춥다 춥다 해도 이렇게 추운 줄 몰랐다
극한 한파가 몰아치는 1월 어느 날
충남 서천 특화시장에 발생한 화재

설 대목 성수품 비축해 놓은 상인들의 절규
온 국민이 온정의 손길을 보낸다
세상의 눈은 어떤 생각으로 바라보고 있을까

오월동주 나룻배 한 척 난리 소식을 들었던지
휘몰아치는 눈비 맞으며 소리 없이 나타난다
어깨 툭 치는 소리에 얼어붙은 땅 눈 녹듯 녹아내린다

세상이 의심스러운 눈으로 바라보면서
꽁꽁 얼어붙은 봄이 진정 찾아왔는지
고개를 갸우뚱하며 궁금해한 눈빛

북쪽에서 부는 봄바람 남쪽 섬마을까지 불어온다
화염 속 피어나는 꽃향기 뭉게구름으로 피어난다
봄이 왔건만 얼어붙은 마음에는 언제쯤 훈기 날까

주황빛 저녁

풋풋하던 벼들 영글게 익어
황금빛 가을 녘 햇살에
제집 찾느라 분주하다

누런 물결 넘실대던 들녘
거무스레한 새 옷 갈아입고
고요와 침묵의 시간을 갖는다

향연 마치고 무대에서 내려와
화려한 겹겹옷 벗는 중일까

눈부신 거울에 제 얼굴 비추던 벼
영혼을 송두리째 빼앗아 간 짙은 향수
시끌시끌 풀벌레 울음소리 간곳없고

막걸리 한 잔에
주황빛 저녁 햇살만 뚜벅뚜벅 걸어오는 소리
쓸쓸함도 때론 중독이 된다

여름 바람

이해할 수 없는 요술쟁이
짜증 몰고 왔다가
시원한 토닥임을 데려온다

멀쩡한 하늘에 구름 떼 몰고 와
사정없이 억수비 쏟아부어
사람 못살게 한다

숨도 쉬지 못하도록 골병 들여놓고
능청스럽게 거들먹거리며
구름 떼 몰고 어디론지 날아가 버린다

보릿단 지게 지고 가다 힘들어 쉴 때
땀 흘린 옷깃에 살짝만 닿아도
온 세상 다 얻은 기분을 만끽해 주었다

금방 비가 쏟아질 듯 시커먼 구름 떼가 모여들면
휘이~ 휘이~ 하며 날려버린다
이제 나는 다스릴 줄 안다

가을 오는 소리

여름내 사람 못살게 해 놓고
분이 아직도 덜 풀렸는지
억수로 퍼붓는 장대비

흠뻑 젖은 귀뚜라미 소리 귀뚤귀뚤
귀밝은 개구리들 장단 맞춰 깨골깨골
덩달아 신난 잡초들 어깨 들썩들썩

갈바람에 귓불까지 시원한
가을 속삭임
황금빛 익어가는 들녘

까르륵까르륵 간드러지게
웃어제끼는 희망 이삭들
한 톨 한 톨 영글게 익어가는 소리

봄바람

불꽃 심지처럼 노닥거리며 놀던 바람이
미친 듯 춤을 춘다

산기슭 언덕배기에 손바닥만 한 사과밭 한 떼기에
 이른 봄 가마솥 걸어 놓고 가루로 된 유황을 진하게 꼰다

불 지펴놓고 자리를 잠깐 비운 사이
 봄바람이 불꽃 한 아름 훔쳐 안고 산으로 도망간다

불길은 신난 듯 봄바람 타고 이 산 저 산 날아다니면서
 거대한 산을 순식간에 꿀꺽

화려했던 산 모습 온데간데없고 시커먼 숯덩이만
 화마가 봄바람 타고 오면 숲은 사시나무 떨듯 벌벌

봄바람은 요술쟁이
 사람의 마음을 이랬다저랬다

땔감

땟거리는 없어도 땔나무는 있어야 한다
노랫말처럼 하신 아버지

풀 한 포기 보이지 않는 민둥산
땔감하러 새벽밥 먹고 바가지에
오다가다 섞인 쌀 보리밥 싸 들고 간다

별 보고 나가서 별 보고 돌아온다
장작 두 둥치와 집채만 한 나뭇가리 셋
산밑 아늑한 우리 집을 에워싸고 있다

배고파 허우적거려도
나뭇가리만 봐도 배부르다

그해 9월

기억조차 하기 싫다

지루한 장마 끝에 쬐인 불볕에
탐스럽게 영근 열매 물러 터졌다

끝이 보이지 않는 자두밭
새빨간 물감으로 물들었다

할퀸 자는 사과 한마디 없고
사람들은 어이가 없다

그저 할 수 있는 일은
내년에는 풍성한 9월 되어 달라며
빌고, 또 비는 수밖에

석양

얽히고설킨 질곡의 세월 속에
어제도 오늘도 내일도
똑같은, 아침이 가고 저녁이 왔다

삶의 길은 곡선으로 굽이친다
직선으로 달리다
때론 그 사이를 아슬하게 건너기도 하며

뒷짐 지고 잘 살아왔노라 큰소리치면서
어슬렁거리며 사는 것이 좋은 건지
정녕, 내 삶도 저렇게 비칠까 생각한다

아무리 똑바로 살아왔노라 억지 부려도
남이 인정하지 않는 삶은
모래 위 사상누각일 터

석양에 겨운 숨 몰아쉬지만
얼룩마저 환한 빛 희망이라 부르며
오늘도 아침의 직선과 저녁의 곡선 길을 다림질한다

저주

아침부터 오락가락하던 비
밤새도록 추적추적 내린다

익어가는 오곡들 비가 싫다며
고개를 설레설레 내젓는다

수확을 앞둔 농사꾼들
한숨 소리만 메아리친다

탐스럽게 익은 열매 잡고
숨넘어갈 듯 울부짖는다

산야에 단풍이 곱게 물들어지면
어째서 물안개를 피워 올리는 걸까

너에게 저주라도 하고 싶다
쓸데없는 이 가을비야

노고지리와 함께하는 봄 향연

가는 세월 바라보고 서 있노라니
마지막 겨울눈이 나뭇가지에 소복이 내려앉아
봄을 기다린다

봄볕 송송한 이른 아침
봄 향연 준비에 분주하던 벌과 나비
노고지리 울음소리에 기 꺾인다

사람들은 노고지리 노랫가락에 맞춰
누렁이 앞세워 가벼운 발걸음으로
들녘으로 나간다

알 듯 모를 듯한 꽃들이 길 양편에
옹기종기 앉아 있다 비좁은 골목길
모퉁이에 서서 코를 들이 내민다

향기에 취해 가는 걸음 멈춘다
산 중턱 발가벗은 숲들이

푸른 옷 갈아입느라 봄이 온 줄 모른다

느지막한 겨울이 봄볕에 쫓겨나듯 달아난다
만물이 약동하고 새 생명 꿈틀대는 봄
노고지리 봄 향연에 새 희망 샘솟는다

봄은 사랑을 잉태한다

웅크리고 있던 가슴 활짝 펴고
어디론가 훌쩍 떠나고 싶다

주름진 얼굴 크림 바르고
있는 옷 없는 옷 꺼내 입고
내 님 만나러 대문 나선다

싱그럽고 아름다운 봄이여!
난 죽도록 그대 사랑하오
내 님 어디 있는지 알려주면
후일에 은혜 갚으리오

양지바른 산기슭 소나무 아래
소쩍새 울음소리 난 곳

거기 가면 그리운 님
반가이 마중하리오

초여름 피는 꽃

은은한 향기 풍기는 이팝꽃
도로 따라 흐드러지게 피어있네

눈부신 아침 햇살에 눈꽃 송이
봄바람에 나풀나풀 춤추네

자동차 지나갈 때마다 거리는
온통 하얀 설국으로 변하네

초여름 비구름 잦은 날씨에
행여, 떨어질까 꼬박 밤새웠네

눈물 머금고 슬피 우는
너의 모습에 애간장 녹아내리네

이왕 고향에 찾아온 김에
벌과 나비와 함께 어울려

밤 깊어지는 줄 모르고
즐겁게 지내다 가려무나

노란 이파리

가을 전령 귀뚜라미 소리 내어 찾아오면
짙푸른 옷 벗고 황금빛 옷으로 갈아입고
반갑게 마중한다

진노란 솜이불 덮고 포근히 잠든 길거리
발걸음 소리에 잠 깰라
숨죽여 사뿐사뿐 걸어간다

책 읽는 가을이면 친구가 되어
오순도순 재밌는 얘기에
밤 깊어지는 줄 모른다

여인들이 함박웃음 지으며 걸어가다
덥석 움켜잡아 하늘로 날려 보낸다
빙글빙글 돌며 내려오는 모습에 기쁨이 가득

미화원한테 밉살스럽게 보여 빗자루로 한 대 얻어걸리고

수레에 실려 저승길로 쓸쓸히 떠나 버렸다
떠나면서 마지막 남긴 말 한마디

동지섣달 지나 눈 녹으면
산뜻하고 청아한 모습으로
다시 찾아오마

가라지

벼들이 바람결에 살랑인다
잘난 체하며 거들먹거리는 거 하나 없이
똑같다

아침마다 이 길 따라가면서 눈 맞춤 한다
말쑥한 벼 가지에 희부연 가루가 소복 앉았다
손님맞이에 분주한 벼들의 잔치다

벼들이 태평을 누리며 하루 다르게 쑥쑥 자라고 있는데
난데없는 가라지가 벼 속에 우뚝 서 있다
벼들은 눈살 찌푸리면서 애를 태운다

에라, 이 몹쓸 것들

가던 걸음 멈추고
맨발로 질벅질벅한 논에 들어가
도둑같이 생긴 가라지 뽑아 준다

〉
벼들이 긴 한숨 내쉬면서
바람결에 온몸을 던진다

아버지 혼

동네 어귀 세찬 바람 불면
곧 쓰러질 것만 같았던 어린 동구나무
모진 비바람 견디며 서 있다

마을 사람들의 사랑 듬뿍 받아 자란 어린 가지
사랑채도 내어줄 아름드리 수호신이 되었다
고향과 작별하는 운명의 시간

겹겹 불안의 옹이마다 그리움의 칼바람 가슴속 파고 든다
더듬이 세우던 고통, 먼 기억이 되고
삼국유사테마파크 한가운데 하늘 찌를 듯 위풍당당 우뚝 선 모습

서려 있던 시름 허공에 날려 보낸다 실뿌리 밀어내는 힘으로
아버지, 영원히 살아 숨 쉬리라
마른 혼 달래는 바람에 기대어본다

홍매화

잠 못 이루는 밤
부스럭거리는 소리에 배시시 일어나
눈 쌓인 이른 새벽 창밖을 내다본다

차가운 눈바람 속에 절개 곧은 꽃 한 송이
화려한 봄 잔치에 나갈 시간
다 되었다고 허겁지겁 옷 챙긴다

봄 전령 개나리 목련이 오기 전에
절개 꽃이 얼굴을 뾰쪽 내밀며
향기와 자태로 봄을 장식한다

관중들은 구름 떼같이 모여든다
쌓였던 눈 녹고 봄 향기 물씬
봄 알리는 전령들 질시의 눈빛 가득하다

밀 서리

여름이면 동네
조무래기들
소 몰고 산에 간다

산그림자 길게 늘어질
때까지
밀 서리에 정신없다

빙 둘러앉아 껍질을
불어 내며
한입에 쏙쏙 털어
넣는다

구수한 밀 맛에 얼굴이
숯검댕이
되든 말든

3/

개학일

푸석푸석한 얼굴에 쥐가 오르락내리락
좁은 골목길에 아이들 신난 목소리 가득

머리맡에 가득 쌓인 과제물
빚쟁이 빚 독촉에 눈물 뚝뚝

보자기에 둘둘 말아 둘러메고
콩죽 내리는 땀 훔치며 달린다

텅 빈 운동장 한 귀퉁이에
외롭고 쓸쓸한 고독이 노닥거린다

꽁꽁 언 옹가지에 얼굴 담그니
정신이 바짝 잠이 획 달아났다

오늘이 개학일이다

끝자락에 서서

앞을 바라보아도 보이지 않은 희망
뒤를 돌아보아도 기억조차 나지 않는
모두 피할 수 없는 늙은이 운명일까

자랑거리 뭐냐고 물으면, 둘이다
하나는 모른다 다른 하나는 너도 내 나이 돼 봐라
모른다 모두가 늙은이의 자랑거리인지

애타는 심정으로 살아온 세월
자식도 손자도 모르는 내 마음

돌아본다, 한 해의 끝자락에 서서 깊어져 가는 세월을
별 보고 나갔다 별 보고 들어오고 했건만 아무것도 없다
희미한 기억에 남는 것이라곤 후회와 한숨뿐

잃어버린 계절

겨울이 왔어도

눈도 얼음도 없다
스케이트도 없다
동네 꼬맹이들 웃음소리도 없다

코트 깃 까짓것 올리고 포켓에 양손 찌르고
종종걸음으로 걸어가는 사람들의 발걸음 소리도
밤새 내린 눈 치우느라 시끌벅적한 소리도 없다

반소매 옷차림에
이마에 흐르는 땀 닦으며
분주히 걸어가는 소리만 들린다

남쪽 섬마을에 동백꽃 흐드러지게 피고
파란 하늘에 시커먼 구름이 덮친다
무심하게 퍼붓는 장맛비 그칠 줄 모른다

〉
삭막한 세상이라 할지라도
스멀스멀 사라져 가는 기억이 두렵다

시조창

푹 익은 곰솥 향내 풍긴다
구수하고 은은한 풍미의 울림

고리타분한 냄새난다며 싫어하는 사람
찾아와서 한 번 들어보고 불러보소

조상이 물려 주신 노래 한 가락 뽑으면서
옛날 속으로 흠뻑 빠져 보는 것도 멋스러울 거요

구질구질 얽히고설킨 복잡한 세상
노래 한 곡에 실어 날려 보내고

어깨춤 들썩이며
삶의 여유 찾아보오

선물

정성과 마음 다해 포장하는 것
마음 내키는 대로 주는 게 아닐 게다

돈과 명예, 권력을 가진 그런 사람 아니라
같이 밥 먹고 술 마시고 뒹굴며 마음 터놓고
이야기할 수 있는 그런 사람에 주는 것일 게다

푹푹 찌는 무더운 여름 어느 날 정성 담아
친구한테 빨갛게 익은 자두를 보냈더니 물렁
죽 덩이 되어 먹을 수 없다는 슬픈 표정

여보게 친구, 생전 처음 맛보는 자두 보내줘
고맙고 맛있게 잘 먹었네 인사가 늘어진다
얼굴이 화끈 달아올라 하고 싶은 말 잃었다

나에게 이러한 친구가 있다는 게
세상 부러울 거 하나도 없다는 걸

송아지 본능

송아지 시장에 갔다
엄마 젖 갓 뗀 송아지들이
낯선 시장에 떼 지어 있다

마음에 든 송아지 몇 마리 차에 실었다
도착하자 피곤기도 없이 뛰어내린다
마구간 안으로 쏜살같이 쫓아 들어간다

이 구석 저 구석 돌아다니며
코를 갖다 대고 냄새 맡는다
빠져나올 구멍 찾는다

굳게 닫힌 철문을 주둥이로 밀어 본다
꿈쩍하지 않자 울고불고 초상집이다
울다 지쳐 울음소리 들리지 않는다

그러하기를 사오 일 하다 얌전해진다
그제야 물도 먹고 주는 사료도 먹는다

말은 못 해도 사람을 알아보는 눈치는 빨라

내가 가면 사료 주는 것을 알고
꼬리를 하늘로 치켜올리고
고개를 끄덕이며 뛰어오는 모습

누가 짐승이라 하겠는가

소리 · 1

곤한 잠에 빠져 있던 어머니
문풍지 떠는 새벽 찬 바람 소리에
지친 몸 힘들어 일으키신다

주섬주섬 옷을 챙겨 입고
버지기 이고 밖으로 나간다
이마에 맺힌 살얼음 훔치며
빙판길 위를 더듬더듬한다

무사히 집으로 돌아오셨다
으스름달밤에 큰 개 한 마리가 뒤따랐다
개가 아니고, 커다란 늑대였다

어머니는 겁 없이 늑대를 잡았다
장하다는 표창을 받고
동네 사람들 불러 기쁨을 나눴다

옥양목 치맛자락에 꿰맨 은빛 구슬이

덜그렁거리며 어머니 애간장 녹인다
불그스레 익은 얼굴로 새벽밥 짓는다

이리저리 몸을 비틀며 아우성치는 나뭇가지 소리
불꽃 똥이 하늘로 반짝이며 캄캄한 밤하늘 가득
어머니는 두 손 잡고 깊은 생각에 빠진다

소리 · 2

무슨 소리인지 다 안다

옷깃 스치는 산들산들 바람 소리
나뭇가지서 울어대는 참새 소리
밤새 울어대는 소쩍새 소리인지

임금님 귀는 당나귀 귀
소리 높여 밤마다 울어대는
대나무 숲 흔들리는 소리인지

사람들이 지게 작대기 휘두르며
빨강 노랑 구슬 땅속에 묻힌 깡통에
때려 넣을 때 땡그랑 소리까지도 안다

오늘도 변함없이 벌과 나비, 못난이와 같이
산마루에 걸터앉은 석양을 바라보며
그 소리 들으려고 신바람 나게 나간다

오리무중

난 너를 찾으러 여기까지 왔는데
넌 어디서 무얼 하고 있는지

언제까지 여기에서 기다려야 하는지
넌 내 마음을 조금도 이해하지 못해

무심히 시간은 흐른다
애먼 마음만 부여잡고 자꾸만 길어지는 목

언젠가 채워지겠지
은풍스러운 마음으로 불면의 밤 견디며

모래찜질

여름이면

잘사는 사람 못사는 사람 똑같다
피할 수 없는 더위에 입은 옷
홀랑 벗고 바다에 뛰어든다

삿갓 쓰고 엄마 따라나선다
머리에 수건 동여맨 아낙네들
일렬종대로 모래사장 찾는다

뜨거운 수제비 한 그릇 뚝딱하고
구슬땀 흘리며 뜨거운 모래를 이불 삼아
그 속에서 모래찜질하는 동안

삿갓 덮어쓴 엄마 찾으려고
이 삿갓 저 삿갓 들여다본다
혼찌검 당했던 걸 생각하면 아찔

〉
그립다
그때 그 바닷가

어린 모 · 1

한날한시에 태어나서
한날한시에 시집을 간다

지루한 장마와 거친 태풍이 불어닥쳐도
숨을 턱턱 막는 후덥지근한 날씨에도
꿋꿋하게 자라 들녘은 푸른 물결로 출렁인다

메말라 물 한 모금 못 마셔도
얼굴 한 번 찡그리지 않고 여름을 이겨내고
가을 준비에 옆 돌아볼 시간이 없었다

생명의 끈은 고래 심줄보다 질기다
질곡의 세월 속에서 자란 어린 모의 성장을 보면서
우리에게 커다란 희망과 용기를 주었다

어두운 추석

어두운 골목길에 서 있는 가로등
찜통더위에 모기 떼와 싸우며 밤을 지새운다

창문을 뚫고 폭풍우처럼 쏟아지는 찬란한 등불
어두컴컴한 방구석 구석을 아름답게 수놓는다

희멀건 눈으로 창밖을 내다본다
구름에 가린 달은 슬픔을 머금고
얇은 지갑 상차림에 허리가 휘청
찌든 삶에 세월이 고달파진다

올 추석이 예전만 같지 않다
바람 부는 대로 사는 길 잃은 인생
추석에 가지 못해 참아왔던 미화원의 애달픈 사연
서러움과 분노를 한꺼번에 쏟아낸다

이번 추석은 왜 이다지도 어둡고 추울까

썰렁한 분위기

오늘이 그날이다 그가 떠나고
화려했던 지난날도 떠났건만
가슴속 파고드는 숨결 소리 여전하다

한탄 소리 수북이 쌓인 빈자리
애처로운 국화꽃 한 송이
홀로 외롭게 피어있다

관념과 이념 넘어선 사람들
잊어서는 안 될 중요한 날짜
호적에서 지워 버렸던가

해가 바뀌고 탄신일이 다가와도
찾는 사람 하나 없고
반기는 사람 하나 없다

그런데도

〉
그가 남긴 삶의 흔적은
잊히지 않는 한강의 기적
영원히 기억될 것이다

힘없는 사람들

서서히 먹구름이 몰려온다
마음 졸려 삶이 두려워진다

이제 와서

포켓 구석구석 먼지 하나 없이
훌훌 털어야 마음이 편안하다

그때 그 시절이 좋았지

앞으로 어떤 세상이 닥칠는지
어스름한 새벽의 적막함이 서서히 다가온다

귀제비

집 나간 녀석이 일 년 만에 돌아왔다
못난 녀석 야단맞을까 벌벌 떨고 있는데
불쌍한 내 새끼 따뜻이 맞아 준다

처마 끝 아늑한 곳 보금자리 마련해 주며
온 식구가 기쁨을 감추지 못한다
얼마 후 핏덩이 울음소리 축제 분위기다

어미는 먹을 거 한입 물고 와 일곱 마리 새끼를
차례대로 입맞춤한다
성질 급한 막둥이 녀석 배고프다며
땅바닥에 벌렁 드러누워 땡깡 부린다

여름내 비좁은 방에서 새끼 두 배 키운 어미 귀제비
더위가 서서히 물러가는 것 알아차리고 밀린 방값
한 푼 내지 않고 밤중 식솔 데리고 도망쳤다

비참한 세상에 이럴 수가

미소

짙붉은 단풍으로 물들인 가을
찌뿌둥한 몸 일으켜 기지개 켠다

몇 년 전 심은 나뭇가지에
탐스러운 열매가 주렁주렁
오가는 사람들 눈길 끌기 안성맞춤

어렵던 시절 조무래기들 살얼음 위 걸어
누렇게 익은 과일 한입 가득 물고
좋아라! 너풀너풀 춤춘다

어렵게 따 가져온 과일
손에 들고 한숨 내쉬며
비지땀 흘러내린 얼굴에
해맑은 미소가 흐른다

4

가가 가다

화려하게 차려입은 가가
화창한 봄날 엄마 손잡고 나들이 간다

길 가던 사람들 바쁜 발걸음 멈추고
빙 둘러서 예쁘다고 한마디씩 한다

신난 가는 꼬리를 정신없이 흔들며
눈을 동그랗게 뜨고 재롱을 피운다

뼈만 앙상한 네 다리를 가지고
뒷다리 두 개는 땅에 앞다리 두 개는
하늘로 버쩍 쳐들고 만세 부른다

어엿한 모습으로 시계 방향으로 돌면서
몸을 움츠렸다가 폈다 신나게 춤을 춘다

사람들은 환호하며 박수를 보낸다
가는 보답하듯 낑낑거리며 펄쩍펄쩍 뛰어오른다

〉
힘든 세상 짧은 시간 동안 가와 함께
즐거운 시간을 엮은 것이 삶의 활력소가 되었다

그 길을 지날 때마다 가가 가다라는 생각이 떠오른다
봄비 맞으며 걸을 때 더욱 간절히 느껴진다

6월의 시

유월이면 짙은 보리 내음 가득
누렇게 익은 황금벌판이
넘실대는 바람결에 춤춘다

풀 먹여 까칠까칠한 삼베적삼 입고
머리에 흰 수건을 따배이같이 매고
싯돌에 날카롭게 간 낫으로 보리 벤다

햇볕 내리쬐는 넓은 들판에
거둬들이기 좋게 깔아 놓는다
피둥피둥하던 것이 홀쭉해지면

소 등에 실어 아늑한 집으로 옮긴다
넓은 마당에 한 층 두 층 차곡차곡 쌓는다
뜨거운 햇볕 쏟아져 내리는 정오가 되면 돌개타작한다

보리타작하고 마늘 캐고 모심기하느라
유월은 분주하고 일 년 중 제일 바쁘다
이달 넘기면 농촌은 적막감이 가득

간구한 소망

소망의 빛이여
영원히 머물게 하소서
사랑하는 우리 임에게

당신을 섬기며 살고 지내다
예기치 않은 일로 힘들어
지내고 있습니다

간구하오니
우리들의 간절한 소망
저버리지 마시고

하루빨리 쾌차하시게 하시어
건강한 모습으로 우리 곁을
찾아들게 하소서

소망의 빛이여
우울한 우리 님의 가정에
웃음꽃 활짝 핀 날 되게 하소서

어린 모 · 2

두 얼굴 가진 야누스 같다

새카만 모는 다섯 개이지만
파란 모는 대여섯 개다

새카만 모는 여기저기 흩어져 살지만
파란 모는 한데 어울러 모여 산다

새카만 모는 콩나물처럼 누워 살지만
파란 모는 하늘 찌를 듯 빳빳하게 산다

새카만 모는 웃음 먹고 살지만
파란 모는 물 먹고 산다

새카만 모는 널브러져 아무렇게 살지만
파란 모는 일렬 횡 종대로 산다

설레는 한 해를 보내면서

〉
새카만 모는 즐거움 웃음 실어 주지만
파란 모는 황금 보석 가득 실어 준다

난초

꽃이면 다 꽃인가
꽃냄새 향기도 없는
꽃도 꽃이런가

난이면 난답게
우아하고 향긋한 향기
있기 마련인걸

절개 곧은 체하는 행세
당장 뽑아 버리고 싶다
지내온 인연으로 참아

세상에 제 혼자뿐인 줄
거들먹거리는 모습에
꽃 없는 난이 행복하구나

뜨거운 수제비

종달새 노랫소리에 누렇게 농익어가는 보리
하늘 높은 줄 모르고 그칠 줄 모른다

불볕더위 내리쬐는 오후 1시
넓은 마당에 보릿짚 가득 깔아 놓는다

힘 다하여 도리깨를 골매어 휘두른다
구슬땀 얼굴 타고 줄줄 흘러내린다

배가 허지건하다 군것질할 거 찾아도 하나 없다
시원한 찬물에 꽁두 보리밥 한 덩어리 말아 먹고 싶다

어머니는 더울 때 뜨거운 수제비가 최고라며
커다란 버지기에 담아서 가지고 온다

더워 죽을 판인데 웬 뜨거운 수제비는
어머니는 목이 타 죽는 남의 속도 모르는지

그럼에도 어머니는 이열치열 고집한다

지팡이 소리

백수 노인은 잠이 없다
새벽같이 일어나 지팡이 짚고 길을 나선다
딱딱거리는 지팡이 소리에 거리가 요란하다

새벽 5시면 어김없이 거리를 거닌다 사람들은
소리가 들리면 5시이구나 노인이 지나가는 줄 안다
웬일인지 어제도 오늘 아침에도 들리지 않는다

사람들은 안 보이면 병원에 양로원에 간 줄 안다
백수에 큰 병이라도 났을까 깊은 생각에 잠긴다
조용히 돌아가면 되겠지만 사람을 놀라게 한다

아침마다 만나면 함박웃음 지으며 내 손을 덥석
잡아 주시던 백수 노인 오늘도 어두컴컴한 저 멀리서
걸어오는 모습이며 딱딱거리는 지팡이 소리 들리지 않는다

내일은 들을 수 있을지 마음을 다잡아 본다

새벽 5시 덜 되어 다니던 길 찾아 나선다
사방을 두리번거려도 끝내 보이지 않는다

내일 아침엔 보겠지 희망의 끈을 놓지 않는다 결국,
만났다
다니던 길이 멀다며 거리를 단축했다는 말 한마디 남기고 사라진다
백수 노인의 힘찬 지팡이 소리 들을 수 있기를 바라며 건행을 빈다

질서

곡식들은 저마다 무더운 여름 동안
땀 흘려 지은 농사 거두어 드릴 준비가 시작된다
벼들이 배가 불러 알찬 모습으로 주인을 찾아온다
찾아온 손님께 대접할 것 없어 당황스럽다
푸른 들녘은 오곡이 여물어 가는 냄새가 등천
가을맞이 준비에 분주해진다
묵묵히 자라던 벼들은 일 년 동안
땀 흘려 시시만큼 지은 결실을 한다
꽃 피고 지고 하며 몸부림친 것이 엊그제
무거워 고개 수그리고 모습을 자랑한다
길옆 논에는 지나가는 사람들과 눈 맞춤 하려
고개를 까짓껏 내민다
　어떤 녀석은 자기보다 키 작은 녀석 머리를 눌리고 제 머리를 밀어낸다 곡식들은 일 년 농사 잘 지어 인간에게 보여준다 논마다 다르다 한 논은 벼가 튼튼 열심히 자라고 있다 어떤 논에는 추석이며 밥상에 올라올 준비하고 있는 논도 있다 바둑판처럼 반듯반듯한 논에 자라 벼들은 다가오는 한로 상강 때 주인에게 감사의 뜻으로 영글

게 익은 벼를 선물로 바칠 준비가 한창이다
  계절의 변화는 오곡들이 제일 먼저 안다
  숲 나무 매미 등 온갖 곤충이며 제비 등 이동성 날짐승들도
  모두 안다 사람은 등 떠밀려 가듯 따라가며 산다
  자연은 부러움 시기 질투 등이 없다
  보이지 않는 시간이 가는 대로 질서 있게 할 일을 다 하고 있다
  인간도 자연의 질서 속에 살면서 할 일을 다하고 있다
  자연의 질서는 바꿀 수 없고 항변할 수도 없다
  따라 사는 것이 만사형통

모진 생명

간밤에 내린 비가 한데 뒤엉켜
시뻘건 큰 강 이룬다

뿌리 깊게 내린 수양버들 물을 박차고
고개를 물 위로 올렸다가 내렸다 한다

구름이 걷히고 아침 햇살이 쏟아진다
잔뜩 먹은 물 살랑이는 바람에 말린다

힘 실은 수양버들 양손에 시뻘건 물 잡고
물살 소리에 박자 맞춰 한들한들 춤춘다

남들이 잠든 사이 이른 새벽에 춤추던 수양버들
부끄러운 듯 고개를 물속으로 숨어버린다

날이 밝아 햇살이 중천에 떠올랐다
도랑물은 아무 일 없었듯 유유히 흐른다

별자리

밤하늘 수놓은 아름다운 별들
흐트러짐 없이 자리 지키고 있다

봄이면 곰자리
여름이면 거문고자리
가을이면 고래자리
겨울이면 오리온자리

북쪽 하늘의 성을 지키고 있는 북두칠성
애달픈 사랑을 만나게 해주는 은하수
세상을 낮처럼 훤하게 비춰주는 태양
생명을 잉태하고 낳고 지켜주는 지구

이 모든 것 누굴 위해 존재하고 있을까
무심히 흐르는 생각으로 덧없는 세상을 살고 있다

부부

우리 집은 양당제다
아내는 야당 나는 여당

구성원은 야당 3명 여당 3명
투표하면 언제나 패한다

나는 식구를 먹여 살려야 한다
잠시도 재정에 눈 돌릴 새 없다

바늘 하나 살 때도 결재 나야 한다
결제는 결코 쉽지 않다

청구서를 들이밀면 무조건 '노'이다
때로는 화산이 폭발할 지경이다

결국 받아 줄 거 빨리 결재해 주면
어디 덧나는지 속이 부글부글 끓는다

〉
세월이 가도 그때나 지금이나 똑같다

 그럼에도 경제가 부흥하고 백성이 편하게 사는 것을 보면 불편은 잠시, 위기를 상생으로 극복하고 후회 없는 삶을 살았다

마곡사

저 멀리서 은은한 종소리가 울려 퍼진다
정성 들이면 기를 받을 수 있다는 소문에
수백 리 길 피로도 잊은 채 쉼 없이 달린다

깊은 산골 짙게 물들인 오색 단풍이
소슬바람 장단에 한들한들 춤춘다

양지바른 언덕배기에 비바람 맞으며
천여 년 세월 품어 안은 마곡사
단아한 모습으로 앉아 있다

노랑 은행잎 하나가 하늘을 빙그레 돌더니
내 가슴에 덥석 안긴다 기氣 받은 것 같았다

괜히 마음이 후끈후끈거린다
어구신 손으로 얼른 집어 조심스럽게
포켓 수첩 속에 살며시 꽂아 넣는다

〉
　스님 두 분 나란히 앉아 목탁 두드리며 염불하는 모습
　잔잔한 물결이 마음속 깊이 파고든다

　단풍이 짙게 물들인 징검다리 위에서 스님의 염불 속에
　내 마음 허허한 곳에 기를 넣어 주는 거 같아 두 손 모아
　나무아미타불 관세음보살 염송念誦한다

사라진 화본역

모진 세월 참고 버텨온 화본역
앞만 보고 묵묵히 걸어왔다

차가운 서릿바람에 견디다 못해
애환 가득 싣고 떠났구나

오가는 사람들 분주하던 자리
허허로운 바람만 맴돌고 있다

목말라 헉헉거리며 달려오는 열차에
수문 열어놓고 애타게 기다리고 있던 '너'

세월이 흘러가도 못 잊을 화본역

오일장

전통 시장 간판 따라
시장 안으로 들어간다

시장 한가운데 큼직한 뮤직홀이 자리하고 있다
버스킹 단원들이 기타 치고 신나게 노래 부른다

삼색휘장 두른 사물놀이 단원들이
사람들의 혼을 빼앗아 간다.

80세 넘어 보이는 시조창 단원들이 정자관 쓰고
옥색 도포 입고 시조창 한가락 멋스럽게 뽑는다.

흥을 참지 못한 시민들 무대 앞으로 나와
둥실둥실 춤추며 옛날 추억을 더듬는다

  시장에 볼일 있는 사람 없는 사람 한둘 모여들기 시작한다
  이제, 오일장은 농촌의 건전한 휴식 공간으로 자리매김한다

삑사리 신부님

"너희가 거저 받았으니 거저 주어라"(마태오 10.9)

거룩한 성구를 가지고 2025년 1월 17일 마석진 프란치스코 신부님께서 우리 본당 주임 신부님으로 부임하신다는 소식을 전해 듣지 못해 정중히 마중 못 했던 것이 마음에 걸렸다

마침, 일요일 아침 성당 입구에 '마석진 프란치스코 신부님 오심을 환영합니다'라고 정성스레 쓴 현수막이 걸려있는 것을 보고 마음에 걸렸던 아쉬움이 조금씩 녹여졌다

우리 성당은 동산 언덕을 깎아 세웠기 때문에 겨울이면 낮은 지대보다 훨씬 더 추워 견디기가 예사롭지 않을 것 같아 걱정스러운 마음이 앞선다

시각에 맞춰 미사가 시작된다 신자들은 두 눈을 고정해서 신부님 얼굴을 뚫어지게 쳐다본다 훤칠한 키에 희끗희끗한 멋스러운 장발과 독특한 음성에 개성미가 넘쳐흐르는 멋쟁이 신부님 같아 보인다 성당 안은 숨소리 하나 들리지 않는다

제대에 오르신 신부님은 미사를 시작하기 전에 만면에 웃음 띤 얼굴로 자기소개를 하신다 제 소개는 이번 주일하고 다음 주일 한 번 더 하고는 하지 않겠습니다. 짧은 한마디에 조용한 분위기가 금세 화기애애하였다 "눈치가 빠르면 절에 가도 새우젓을 얻어먹는다" 눈치 빠르게 신부님의 마음을 읽은 신자들의 마음엔 벌써 기쁨과 즐거움이 가득하다.

신자들은 신부님의 일거수일투족에 관심이 더 깊어져 간다 신부님의 독특한 음성, 성작을 들고 기도하는 모습, 성가 하는 모습 하나 빼놓지 않고 눈에 담는다 전례 도중 중간중간 오르간 반주가 흘러나온다 한번은 반주와 신부님과의 음정이 맞지 않아 어색했다 신부님께서 웃으시면서 '삑사리' 냈다 하시며 성당 안에 웃음꽃을 활짝 피운다

한번은 영광송을 마치고 오르간에서 아멘이라는 음악이 건반을 타고 흘러나온다 그럼에도 성당 안이 너무 조용하다 아멘이라는 음정을 처음 들어본 신자들에게 낯설어 어떻게 해야 할지 어리둥절하다

어색한 분위기를 비집고 들어와서 일전에 제가 '삑사리' 냈었는데 오늘은 신자 여러분들께서 '삑사리' 냈습니다 서로가 삑사리를 한 번씩 냈다며 앞으로 삑사리 이야기는 '없던 걸로 하자'며 성당 안을 후끈후끈 달군다
 신부님의 인기는 하늘을 찌른다 미사 드리면서 간간이 재치 있는 유머로 얼어붙은 신자들의 마음을 촉촉이 녹여주신 신부님의 따뜻한 눈빛과 사랑이 2백여 명 넘는 신자들의 마음을 사로잡는다
 주보 내용을 설명하시다 손으로 머리를 툭툭 치신다 신부님의 모션에 모두가 어리둥절하다 제가 깜빡 잊을 때마다 머리를 툭툭 치면 잊었던 생각이 떠오른다며 스스럼없이 머리를 툭툭 치신다 호탕하신 신부님의 언행에 신자들은 웃음을 참지 못한다 그새 신부님과 신자들은 격의 없는 친한 사이가 되었다
 신부님 오신 지가 한 달가량 되었을까? 가뭄에 목이 타들어 가던 성당에 보이지 않던 형제자매가 구름 떼처럼 몰려든다 소박하고 정성 어린 신부님의 말씀에 우리 본당은 웃음꽃이 활짝 피었다

| 해설 |

삭막한 세상에서 먼 것들에 대한 예찬

신상조 | 문학평론가

삭막한 세상에서 먼 것들에 대한 예찬

신상조 | 문학평론가

1. 향토적 소재와 토속적 정서의 심미적 발현

권춘수의 시는 향토미를 시적 발상의 원천으로 삼는다. 소가 쟁기를 끌며 경운기나 트랙터를 대신하던 시대를 어림잡을 때, 농사일을 중심으로 한 공동체적 삶과 토속적 정서를 섬세한 감각으로 담아내는 시의 동력은 아무래도 '회상'이리라. 시인은 기억하려 애쓴 충실한 회상을 현재의 시점으로 형상화한다. 이러한 시제의 효과로 말미암아 시인의 과거 체험은 독자에게 근접 감각으로 경험되고, 농촌문화에 대한 구체적이고 세밀한 기억술은 개인적인 생생한 실감과 더불어 민족적이고도 집단적인 기억과도 연관되는 면을 갖는다. 이를테면 동네마다 돌아다니며 "커다란 항아리에 잘게 썬 수박 몇 조각"을 넣고 거기다 "설탕을 마음껏 들이"(「수박화채」)부어 화채를 만들어 팔던 아저씨가 1960~1970년대의 풍속을 떠올리게 만든다면, "괴나리봇짐 허리 매고 짚신 서너 켤레 어깨 걸치고/ 굽이굽이 돌아가는 산길 따라 문경새재 넘어"(「과거시험 보러 가는 날」)가서 과거시험을 보던 기억은 그 시절마저 훌쩍 거슬러 갑오경장 이전의 까마득한 시공간으로 되돌아간다. 이러한 측면에서 시인의 기억은 개인적으로 직접 체험한 몸의 기억인 동시에 의식적 재현을 위해 공동체의 선험적 기억 속에서 길어 올려진 것들이라 할 수 있다.

 한 개인의 기억은 비록 개인에 한한 기억이라 할지라도 결국 가족과 친족과 마을을 넘어 국가 단위의 사회적 그물망 안에서 체현되고 작동한다. 이를테면 땅에 묻은 무로 한겨울 군것질거리를 삼던 모습을 그린 「섣달그믐」과 같은 시는 농촌에서 나고 자란 이들의 내면 깊숙한 추억을 호명하는 한 편의 친근한 풍속도다.

  추운 겨울, 무 구덩이에
  배추 뿌리 단디 묻어 놓고
  볏짚으로 틀어막아 놓는다

  겨울 땅이 꽁꽁 얼어도

파릇파릇 싱싱 그대로다

무 구덩이에 한쪽 팔 깊게 넣어
배추 뿌리 몇 개 건져 올려
맛있게 깎아 먹는다

먹고 남은 성그런 보리밥 한 숟갈
얼음 둥둥 뜬 하얀 백김치 한 줄기 걸친다
입 시려 호호 아랫목 이불 속에 쏙

동지섣달 긴긴 추억이 온몸 으스스 올라온다

-「섣달그믐」 전문

섣달그믐은 음력 12월의 마지막 날로, 설 전날이다. 가는 해를 보내고 오는 해를 맞이하는 제야除夜에 먹는 음식이 보리밥에 백김치라니, 그날 잠을 자면 눈썹이 하얗게 센다며 집 안 곳곳에 불을 밝히고 잠을 자지 않는 '수세' 중임을 알 수 있다. "꽁꽁 얼어" 있는 땅과 "성그런" 보리밥, "얼음 둥둥 뜬 하얀 백김치" 등이 환기하는 차가운 촉각과 미각, 그리고 무순의 "파릇파릇"함이나 얼음과 백김치의 "하얀" 색채 대비를 통해 섣달그믐의 겨울이 가진 차고 시린 감각을 생생하게 형상화한다. 시에서 풍기는 한겨울의 감각이 냉기가 흐르는 차가움이 아니라 온기가 느껴지는 차가움임은 주목할 점이다. 현란한 수사를 배제한 담백한 언어 사용이 "호호"나 "으스스" 등의 음성상징어와 더불어 시의 정겨움을 높인다. "단디"가 '단단히'의 경상도 방언이듯 "성그런" 역시 차갑다는 뜻의 방언이다. 후자의 경우 된소리가 발달한 지역에서는 '썽그런'으로 발음하기도 한다. 아날로그적 감성을 불러오는 방언이 백설기에 박힌 콩처럼 맛깔스럽다.

「봄바람」이라는 작품도 향토적 소재로서의 구체성을 띤다. "이른 봄 가마솥 걸어 놓고 가루로 된 유황을 진하게" 고다가 큰불을 내고 마는 안타까운 서사는 농촌공동체의 정체성을 드러내는 사회적 기억 가운데 하나다. 유황Sulfur은 예로부터 강력한 살균 및 살충 능력을 가진 물질로 알려져 있다. 진딧물, 응애 등의 해충과 곰팡이성 질병(흰가루병, 녹병 등)을 방제하는 데 효과적인 유황을 가마솥에 넣고 진하게 고았다니 아마도 '황토 유황 합제' 또는 '유황 합제'와 같은 친환경 방제 약제를 만들려다 변덕스러운 봄바람에 불씨가 날아가 그만 혼이 난 모양이다. 심술궂은 봄바람과 달리 여름에 부는 바람의 고마움을 들려주는「여름 바람」은 또 어떠한가. "멀쩡한 하늘에 구름 떼 몰고 와/ 사정없이 억수비 쏟아부어/ 사람 못살게" 굴 때는 언제고 "보릿단 지게 지고 가다 힘들어 쉴 때/ 땀 흘린 옷깃에 살짝만 닿아도/ 온 세상 다 얻은 기분을 만끽"하게 만드는 게 여름에 부는 바람이다. 시를 읽노라면 농사일의 고단함을 견디게 하는 심미적 바람이 시를 경험할 때 촉발되는 감각을 동반하고서 시원하게 불어오는 느낌이다. 물론 이 여름 바람 역시 봄바람만큼이나 짓궂기는 마찬가지다. "지루한 장마 끝에 쬐인 불볕에/ 탐스럽게 영근 열매 물러 터"(「그해 9월」)지게 만드는 데는 폭우를 몰고 오는 여름 바람도 한몫을 단단히 하기 때문이다. 이처럼 권춘수의 시는 하나의 단어가 여러 개의 의미를 갖도록 맥락화하는 법이 없다. 즉각적 이해가 가능한 그의 시는 그만큼 즉각적 감각과 감동을 불러일으킨다.

하지만 농촌공동체 속에 오래 몸담았거나 물리적 나이가 지긋하다고 해서 아무나 전근대적 향토성을 기반으로 한 서사나 표현이 이처럼 풍성하지는 않다. 농민 생활에 대한 섬세한 감각과 친화적 태도는 시인의 직업이 농민들을 주로 상대하는 데서 비롯한다. 시인의 직업이 무언지가 드러나는 「별명」을 읽어보자.

아무리 생각해도 억울하다
수의사라 부르면 어디 덧나나
왜 하필, 침쟁이라 부르는지

소는 농사짓는 데만 필요한 건 아니다

자식들 공부시키고 시집보내고 장가갈 때
소 팔아 오만 때만 것 다 해 놓고

소가 죽을 한 끼만 꺼려도 난리법석이다
어머니는 정화수 떠 놓고
아버지는 소 침쟁이에게 허겁지겁 달려가신다

침쟁이 소를 둘러보고 고개 절레절레 흔든다
치료받고 죽 잘 먹고
건강해도 사람들은 나를 소 침쟁이라 부른다
-「별명」 전문

보다시피 시인의 직업은 수의사다. 도시의 수의사가 개, 고양이와 같은 반려동물을 진료하는 반면, 시골 수의사는 소, 돼지, 염소, 닭 등의 가축뿐만 아니라 지역 주민들의 반려동물은 물론 때로는 사람까지 돌보기 마련이다. 근무 환경 역시 병원 내에서의 업무가 전부인 도시의 수의사와는 딴판이다. 가축의 크기나 수량 때문에 농장이나 목장에서 직접 진료하는 왕진Ambulatory service, 즉 현장 진료가 주를 이루기 때문이다. 당연히 병원에서 현장까지의 이동 거리가 멀고 진료 환경이 예측 불가능하며, 야외 작업을 많이 하게 된다. 가축의 분만이나 응급 질환 발생 시에는 주말이나 야간에도 콜on-call하면 즉시

출동해야 하는 등, 시골 수의사의 근무 시간은 그야말로 길고 불규칙한 것이다. 고학력과 고스펙을 포기하고 농촌 지역의 의료 공백 해소를 위해 돈벌이 욕심보다 동물의 고통을 막는 데 집중하는 수의사들의 노력은 아무리 칭송해도 지나치지 않다.

  시인에 따르면 이러한 수의사를 놓고 시골에 사는 사람들은 "침쟁이"라 부른다. 장인匠人이라는 뜻이 살아 있는 접미사 '-장이'가 전문적인 기술자를 높여 칭하는 데 반해, '-쟁이'는 그렇게 부르는 속성을 많이 가진 사람이나 '-장이'를 낮잡아 이를 때 쓰이는 말이다. 비교하자면 우리말에는 특정 일을 업業으로 삼거나 그 일에 익숙하고 숙련된 사람을 가리킬 때 쓰는 '-꾼'이라는 접미사도 있다. 이 경우 비교적 긍정적이거나 중립적인 의미로 쓰인다. 농사짓는 이를 농사꾼이라고 부르듯, 차라리 '침꾼'이라는 별명을 붙여주었다면 그리 섭섭하지는 않았으리라.

  주지하다시피 조선시대는 농사는 천하의 큰 근본이라며 농자천하지대본農者天下之大本을 외쳤던 농본주의農本主義 이념 위에 육체노동을 천시하고 정신노동을 중시하는 사상이 팽배했었다. 학문을 통해 국가를 다스리는 선비가 최고의 지배층으로 가장 높은 지위를 가졌던 사농공상의 질서 체계가 대대손손 내면화된 이들의 눈에 수의

사는 '공상천예工商賤隷'에 불과한 직업이고, 그러한 구습에서 벗어나지 못한 사람들이 자기를 침쟁이라 부르는 게 "아무리 생각해도 억울하다"란 시인의 노여움은 충분히 이해할 만하다.

그렇더라도 시인은 자기 역할이 "자식들 공부시키고 시집보내고 장가갈 때" 요긴한 소, 그 "소가 죽을 한 끼만 꺼려도 난리법석"인 집안을 구원하는 일임을 모르지 않는다. 무엇보다 그의 시는 '-쟁이'가 쓰는 것이기에 저 80년대의 농촌문학이 농민의 생활 발굴과 리얼리즘의 확산이라는 성과에도 불구하고 "민중을 하나의 전략적 개념으로 독점화"한 '먹물 냄새'로부터 비교적 자유롭다. 그의 시는 농민의 곁에서 진정한 노동의 의미를 묻고 답함으로써 농민 삶의 역동성과 그 실존의 풍부한 반향을 들려준다. 자본주의의 가속화가 삶의 질적 위기와 인류공동체의 전멸을 예감케 하는 문명의 정점에서 읽는 권춘수의 시가 새삼스레 아름다운 이유다.

2. 기억과 회한으로 자리 잡은 문학적 공간

농촌문화에 대한 구체적이고 세밀한 기억은 권춘수의 시에서 '삶의 온기'로 드러나는 특징을 갖는다. 농촌공동체적 삶의 양태와 거기서 비롯한 전근대적 정서를 아끼는 시인에게 '기억'과 '온기'는 등가량의 진실을 가진다. 따라서 자신의 기억이 사라진다는 건 온기가 사라진 삭막한 세상을 체감하는 현실감각과 등가를 이룬다. 예컨대 「잃어버린 계절」은 기억이 그에게 시적 에스프리Esprit이자, 과거의 훈훈한 유산을 잊거나 잃어가는 세대에 대한 비판적 담론임을 알려준다.

겨울이 왔어도

눈도 얼음도 없다
스케이트도 없다
동네 꼬맹이들 웃음소리도 없다

코트 깃 까짓것 올리고 포켓에 양손 찌르고
종종걸음으로 걸어가는 사람들의 발걸음 소리도
밤새 내린 눈 치우느라 시끌벅적한 소리도 없다

반소매 옷차림에
이마에 흐르는 땀 닦으며
분주히 걸어가는 소리만 들린다

남쪽 섬마을에 동백꽃 흐드러지게 피고
파란 하늘에 시커먼 구름이 덮친다

무심하게 퍼붓는 장맛비 그칠 줄 모른다

삭막한 세상이라 할지라도
스멀스멀 사라져 가는 기억이 두렵다
-「잃어버린 계절」 전문

  이 시를 생태시生態詩, Ecopoetry로 읽는다면 너무 요란한 해석인 걸까? 그러나 생태시가 자연환경과 생태계에 대한 인식을 바탕으로 인간과 자연의 관계, 환경 문제, 생태계의 복원 등을 주제로 다룬다는 점에서 「잃어버린 계절」은 생태시의 범주에 속한다. 화자는 우선 겨울에 없는 것들을 호명한다. 눈, 얼음, 스케이트, 동네 꼬맹이들 웃음소리, 추위에 코트 깃 까짓것 올리고 포켓에 양손 찌른 채 종종걸음으로 걸어가는 사람들의 발걸음 소리, 밤새 내린 눈 치우느라 시끌벅적한 소리가 없다. 이들 모두는 그의 기억 속에 있는 겨울 풍경이다. 다음으로 화자는 현재의 겨울을 보여준다. 그것은 예전의 겨울과 사뭇 대비되는 풍경으로, 반소매 옷차림과 이마에 흐르는 땀을 닦으며 걷는 사람들이 눈에 띈다. 계절이 계절이므로 추위를 모르고 살아가는 모습은 분명 정상적이지 않다. 석탄연료의 사용은 대량의 온실가스 배출을 통해 지구 온난화를 가속화하고, 이는 결과적으로 전 세계적인 극한 기상 현상의 발생을 증가시키고 강도를 심화시키는 가장

주요한 원인 중 하나라는 사실은 이제 상식이다. 한겨울에 흐드러지게 핀 때아닌 동백꽃과 파란 하늘에 이는 시커먼 구름, 무심하게 퍼붓는 장맛비 등이 한겨울에도 반팔 차림으로 돌아다니는 인간의 이기심으로 말미암은 이상기온과 기상재해의 예시임을 짐작할 수 있는 것이다.

"스멀스멀 사라져 가는 기억이 두렵다"라는 화자의 고백에서 '두렵다'는 감정은 문명적 차원의 위기, 삶의 질적 위기, 생명의 위기를 모두 포괄하는 공포에 버금간다. 하지만 화자는 이러한 생태적 위기와 정면으로 싸우기보다 추억 속 풍경을 아쉬워하는 정서로써 우회한다. 문학이 생명의 보존을 위해 할 수 있는 일은 계몽주의적 기획이 아니라 정서적 울림을 통한 근원적 반성이기 때문이다. 그런 면에서 권춘수 시의 그리움과 아쉬움의 정서는 환경의 보존을 위한 생태학적 접근으로 자리 잡는다. 이렇듯 「잃어버린 계절」이 환경 문제를 통해 파행적으로 발전해온 자본주의적 문명의 징후를 드러낸다면, 「끝자락에 서서」는 경제적 기반을 마련하기 위해 몰두했으나 삶의 끝자락에서 중첩된 모순 위에 서 있는 개인 삶의 부정적 징후를 드러낸다.

  앞을 바라보아도 보이지 않은 희망
  뒤를 돌아보아도 기억조차 나지 않는
  모두 피할 수 없는 늙은이 운명일까

〉
자랑거리 뭐냐고 물으면, 둘이다
하나는 모른다 다른 하나는 너도 내 나이 돼 봐라
모른다 모두가 늙은이의 자랑거리인지

애타는 심정으로 살아온 세월
자식도 손자도 모르는 내 마음

돌아본다, 한 해의 끝자락에 서서 깊어져 가는 세월을
별 보고 나갔다 별 보고 들어오고 했건만 아무것도 없다
희미한 기억에 남는 것이라곤 후회와 한숨뿐
　　　　　　　　　　　　　　 -「끝자락에 서서」 전문

　시인은 산업사회적인 요소와 후기산업사회적인 요소, 즉 모더니티와 포스터모더니티가 착종된 혼란스런 시대를 살아온 세대에 속한다. 이들은 정치권력의 물리적 폭압이 횡횡했던 군사 시대를 거치며 산업의 역군으로 성장한 후, 가시적 억압이 물화物貨나 소외 등을 통한 비가시적 통제로 자본주의 모순이 내면화하는 과정을 온몸으로 경험했다. 비록 가시적인 억압은 약화했거나 종식되었을지라도. 자본주의적 유형의 새로운 삶의 양식은 비가시적으로 이들의 삶을 옥죄고 통제했음이다.
　안타깝게도 "별 보고 나갔다 별 보고 들어"왔던 하루

하루의 노력, 다시 말해 가장으로서 식솔들을 책임지려던 화자의 성실한 노력이 물신을 맹목적으로 좇았던 무반성적 삶이었을지도 모른다는 회의를 불러온다. "희미한 기억에 남는 것이라곤 후회와 한숨뿐"임은 이 세대가 걸어온 길 끝에 놓인 삶의 불모성과 황폐함을 보여준다. "뒤를 돌아보아도 기억조차 나지 않는"다는 화자의 고백에서 '먼 과거'가 사라짐으로써 '가까운 미래'조차 사라지는 안타까운 현상을 발견한다. 하지만 혹자의 말처럼 "가까운 것이 먼 것을 깊어지게" 만든다. 해서 시인은 "한 해의 끝자락에" 선 오늘의 시선으로 "깊어져 가는 세월"을 되돌아본다. 돌아봄으로써 깊어져 가는 세월이야말로 '먼 것'이고 이 먼 것이 권춘수의 언어를 시로 승화시킨다.

3. 현대인들이 상실한 삶의 가치에 대한 성찰과 긍정

농경사회에서 나고 자라 그 속에서 수의사로 부대끼며 살아온 권춘수의 시는 입에서 입으로 전하는 설화적 요소나 농경문화를 중심으로 한 풍속의 재현이 풍부하다. 어스름한 달밤, 집에 돌아오는 '어머니' 뒤를 큰 개가 한 마리 따라왔다고 한다. 알고 보니 개가 아니라 늑대였다. 그 늑대를 어머니는 겁도 없이 잡았고, 장하다고 표창도

받고 덕분에 동네잔치도 벌였다(「소리·1」). 시인의 가계사에 속하는 이 거짓말 같은 이야기는 술꾼이 시비가 붙은 사람과 밤새 씨름했는데 새벽에 술이 깨고 보니 빗자루를 안고 있었다거나, 인간의 용기와 지혜가 도깨비의 괴력을 이긴다는 교훈을 담은 민담만큼이나 흥미진진하다.

「모래찜질」은 가난한 시절, 뜨거운 모래찜질로 더위를 쫓던 이열치열의 이야기다. 피할 수 없는 더위에 입은 옷 홀랑 벗고 바다에 뛰어들기는 덤으로 따라오는 재미다. 햇빛을 가리려 삿갓을 쓴 '어린 나'는 엄마 일행을 따라 피서를 나선다. 머리에 수건을 동여맨 아낙네들이 일렬종대로 모래사장을 찾는다. 뜨거운 수제비 한 그릇 뚝딱 먹고 구슬땀 흘리며 뜨거운 모래를 이불 삼는다. '나'는 엄마를 찾으려 이 삿갓 저 삿갓 들여다보다 끝내 혼찌검이 나고 만다.

철새를 소재로 한 「귀제비」는 현대판 흥부전이다. 사연인즉슨 다음과 같다. "집 나간 녀석이 일 년 만에 돌아왔다" 못난 녀석은 야단맞을까 벌벌 떨었지만 집에서 기다리던 사람들은 "불쌍한 내 새끼"라며 얼싸안고 맞아준다. 아늑한 보금자리를 마련해주자마자 얼마 후, 산모는 핏덩이 같은 자식 일곱을 낳는다. 온 집에 갓난아이들 울음소리가 우렁차고, 집안은 그야말로 축제 분위기다. 그런데 더위가 서서히 물러갈 즈음, 어미 귀제비는 밀린 방값 한 푼 내지 않고서 식솔들 데리고 야반도주를 해버린다. 귀제비는 참새목 제빗과에 속하는 조류로, 제비의 친척뻘 되는 새다. 한국에서 여름을 나는 이 철새가 권춘수의 시에서는 아예 집 나갔다 돌아온 자식이거나 실컷 신세 지고도 방세마저 떼먹고 도망친 파렴치범이 된다. 구수하면서도 능청스러운 어조의 시작詩作이 아닐 수 없다. 이처럼 시인의 이야깃주머니에는 농촌과 농촌에서의 삶이 가득하다. 그 주머니를 뒤져 농사일이 바쁘게 돌아가는 6월을 노래한 「6월의 시」를 보자. 이 시는 농번기의 농촌 풍경을 손에 잡힐 듯 보여준다.

　　유월이면 짙은 보리 내음 가득
　　누렇게 익은 황금벌판이
　　넘실대는 바람결에 춤춘다

　　풀 먹여 까칠까칠한 삼베적삼 입고
　　머리에 흰 수건을 따배이같이 매고
　　싯돌에 날카롭게 간 낫으로 보리 벤다

　　햇볕 내리쬐는 넓은 들판에
　　거둬들이기 좋게 깔아 놓는다
　　피둥피둥하던 것이 홀쭉해지면

〉
소 등에 실어 아늑한 집으로 옮긴다
넓은 마당에 한 층 두 층 차곡차곡 쌓는다
뜨거운 햇볕 쏟아져 내리는 정오가 되면 돌개타작한다

보리타작하고 마늘 캐고 모심기하느라
유월은 분주하고 일 년 중 제일 바쁘다
이달 넘기면 농촌은 적막감이 가득
-「6월의 시」전문

'돌개타작'은 나선모양으로 빙글빙글 돌며 부는 바람인 돌개바람에서 왔다. 회전을 활용하여 만들어진 힘으로 상대에게 강한 타격을 주는 돌개차기란 말도 있으니, 아마도 돌개타작은 보리타작하느라 도리깨질을 할 때의 모습에서 기인한 단어가 아닐까 싶다. "힘 다하여 도리깨를 골매어 휘두른다/ 구슬땀 얼굴 타고 줄줄 흘러내린다"(「뜨거운 수제비」)라는 시행이 이를 뒷받침한다. 따리가 아닌 '따배이'를 머리에 매고, 숫돌이 아닌 '싯돌'에 시퍼렇게 간 낫으로 보리를 벤다. 풀 먹여 까칠까칠한 삼베 적삼이 이내 땀으로 흠뻑 젖겠다. 거둬들인 곡식이 "피둥피둥하"다 이내 "홀짝해"진다는 건 건조됨으로써 싱싱했던 기운이 시르죽은 모양을 일컫는다. 소 등에 실어 옮긴 보릿단을 넓은 마당에 한 층 두 층 차곡차곡 쌓은 후, 뜨거운 햇볕 쏟아져 내리는 정오가 되면 돌개타작을 시작한다. 보리타작이 끝나는 대로 마늘을 캐고 모내기도 해야 한다. '농번기에는 개도 밭을 간다'란 속담이 있다. 모두가 바빠서 평소에는 놀고먹던 사람도 제 몫을 하고 일꾼들이 능력 밖의 일까지도 하게 된다는 뜻이다. 그만큼 정신없이 돌아치는 농촌의 6월을 권춘수의 시는 생생하고도 역동적인 모습으로 묘사하는 동시에 다가오는 농한기를 예고한다.

농경문화를 나열하는 데 그치지 않고 그 속에서의 삶을 예찬하는 이 시집은 단순한 회상을 넘어 현대인들이 상실한 삶의 가치를 성찰하고 긍정한다. "간밤에 내린 비가 한데 뒤엉켜/ 시뻘건 큰 강"을 이루지만 "날이 밝아 햇살이 중천에 떠"오를 즈음이면 "도랑물은 아무 일 없었듯 유유히 흐"(「모진 생명」)르는 순리를 자연을 끼고 자연에 의지해서 살아가는 농민들은 몸으로 체득하며 살아간다. 그런즉 「질서」에서 시인은 자연은 부러움 시기 질투 등이 없고 보이지 않는 시간이 가는 대로 질서 있게 할 일 다 할 따름이라고 알려준다. 자연의 질서는 바꿀 수 없고 항변할 수도 없다. 인간은 그저 그런 자연을 따라 사는 것이 만사형통의 비결이라는 시인의 깨달음은 절기에 따라 농사를 짓는 농민들의 마음을 닮았다.

권춘수의 시는 농경문화 속의 일상을 통해 노동하는 삶

의 역동성과 자연과 함께하는 실존의 아름다움을 노래한다. 자본주의의 가속화가 삶의 질적 위기와 인류 공동체의 전멸을 예감케 하는 문명의 정점에서 그의 시는 '어쩌다 이런 세상이 되고 말았는가'란 한탄에 닿아 있다. 언제부턴가 인간은 시간을 분절하고 지배하기 시작했다. '시간은 돈'이기 때문이다. 시간을 중시하는 마음은 늘 조급하고, 욕망을 향한 걸음은 쉴 줄을 모른다. 그러나 철을 따라 농사를 지어야 하는 농민들은 본래 자연을 살피며 살았다. 자연을 살피는 마음은 곧 하늘을 살피는 마음이고, 그런 마음은 쓸데없는 욕심을 부림으로써 만물에 인간 중심의 폭력을 행사하지 않는다. 권춘수의 시는 삭막한 현실로부터 먼, 바로 그 마음에 대한 예찬이다.